RÉSUMÉ

DES

AFFAIRES DE LA PLATA

PAR

M. ADOLPH R. PFEIL.

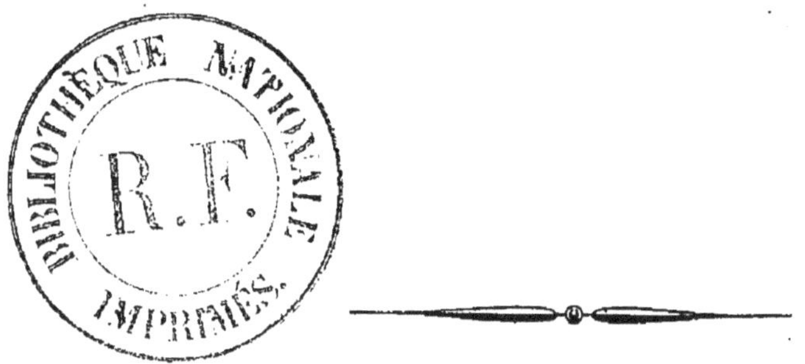

PARIS

IMPRIMERIE CENTRALE DE NAPOLÉON CHAIX ET Cie,

RUE BERGÈRE, N° 20.

1849

I.

PRÉAMBULE.

On a méconnu en Europe, jusqu'à ce jour, le véritable caractère des questions qui s'agitent au Rio de la Plata.

L'Europe ignore que le Rio de la Plata est un champ clos où se combattent deux principes, abstraction faite de tous intérêts personnels : l'un basé sur l'absolutisme d'un homme, l'autre sur le besoin d'expansion. Le premier de ces principes est rétrograde et concentré ; l'autre est progressif et expansif. Le premier repousse la confiance par la terreur et la spoliation organisées ; le second appelle le crédit et les bras étrangers. Enfin l'un a réduit à 40,000 âmes, depuis dix-huit ans qu'il règne, une ville qui en comptait 80,000 avant sa funeste apparition, tandis que l'autre avait élevé, en quelques années seulement, une population de 15,000 âmes au chiffre de 50,000.

L'un est la mort intellectuelle et sociale ; l'autre est la vie, l'action, le progrès.

Voilà toute l'histoire de la question qui s'agite au Rio de la Plata.

Demander auquel des deux principes sont acquises les sympathies de la civilisation, ce serait une erreur, une faute.

La France, sinon son gouvernement, a toujours sympathisé avec le système opprimé dans Montevideo par le dictateur de Buenos-Ayres.

La preuve de cette vérité est dans l'intervention que l'ancien gouvernement s'est vu forcé, par l'opinion publique, à porter au Rio de la Plata. Mais le gouvernement français ayant agi ainsi malgré sa pensée immuable, n'a rien négligé pour faire échouer cette intervention à laquelle il s'était vu obligé par le cri de l'opinion publique.

Ainsi des instructions suffisantes furent données au plénipotentiaire français (voir celles de M. Guizot au baron Deffaudis, mars 1845); mais lorsque le ministre voulut appliquer les mesures dictées par ses instructions, on ne lui en donna pas les moyens.

De là, insuffisance de l'intervention, et, par suite, la résistance qu'elle a rencontrée de la part du gouverneur de Buenos-Ayres.

De là ces tâtonnements de la politique de l'intervention anglo-française, dans chacun desquels elle perdait, par la non-réussite, une partie de son influence sur les bords de la Plata, et de sa dignité aux yeux de l'étranger.

De là enfin la cause efficiente des malheurs inouïs soufferts par tous les Européens au Rio de la Plata, surtout par les Français.

Mais croira-t-on que ces échecs répétés si souvent et les désastres qu'ils amenaient, au lieu d'éclairer les gouvernements d'Angleterre et de France, les poussaient au contraire à suivre aveuglément la fausse voie dans laquelle ils s'étaient fourvoyés? Hélas! ils refusaient obstinément d'être éclairés et ils marchaient sans peur vers un abîme.

Pour achever de peindre le caractère de cette déplorable politique, et sans entrer dans les détails trop longs de tant de tergiversations, il ne faut que donner l'extrait chronologique des faits.

La France et l'Angleterre sont intervenues en faveur de Montevideo, parce qu'une armée argentine avait envahi ce pays, en infraction du traité de 1828 avec le Brésil et de la convention de 1840 avec la France.

1845. — L'intervention anglo-française est repoussée par Rosas à cause de son insuffisance, et surtout à cause du scandale diplomatique donné par un agent confidentiel et un agent officiel qui travaillèrent à l'encontre des instructions dont était porteur le ministre plénipotentiaire de France, chargé souverainement de la pacification du Rio de la Plata. Rosas exploita la mésintelligence de ces agents au profit de sa cause, en faisant croire aux populations de la Plata que le gouvernement français avait peur de s'engager dans la lutte, puisque le ministre de France était entravé dans sa marche énergique par les deux agents inférieurs. Cet état de choses enhardit Rosas, et, dès lors, il ne visa plus qu'à un but, braver l'intervention par des actes d'iniquité. Ces actes sont indiqués dans la note fameuse que les ministres d'Angleterre et de France publièrent en octobre 1845. C'est alors qu'on vit de malheureux résidents français et anglais, dans la campagne de Montevideo, chassés de leurs habitations et conduits en captivité dans un village central, où ils restèrent confinés en qualité d'ôtages. Les tourments éprouvés par eux dans cette cruelle captivité reproduisent, de nos jours, un de ces tableaux horribles qu'on devait croire ensevelis pour jamais dans les plus mauvais jours des époques de la barbarie.

1846. — Une mission confidentielle eut lieu pendant l'intervention, œuvre d'une coterie financière de Londres qui est étrangère au commerce anglais du Rio de la Plata (1); ce fut la mission Hood : elle échoua.

1847. — Une nouvelle mission remplace la première; elle fait toutes les concessions possibles : elle échoue également. Mais ce dernier échec fut accompagné de mystifications et suivi d'un scandale par la retraite de lord Howden.

Or, toutes les nationalités américaines ont les yeux fixés sur le Rio de la Plata ; elles y voient un homme, un seul homme, qui, de sa solitude, a osé dire à la France et à l'Angleterre combinées : Je me ris de votre double puissance !

(1) Voir à la fin la traduction de l'adresse, page 29.

Si cet homme triomphe, il faudra que les personnes et les intérêts européens passent sous les fourches caudines du dictateur, en acceptant son joug.

En effet, le blocus de Buenos-Ayres a eu pour objet de contraindre Rosas à retirer son armée, qui, depuis 1843, envahit et opprime Montevideo.

Pouvait-on le lever en récompense de l'obstination aveugle que met Rosas à rappeler son armée?

Eh quoi! Rosas a résisté à des moyens insuffisants pour le contraindre à céder; il a dédaigné plus tard le facile triomphe que lui offraient les dernières missions, et, pour prix de sa résistance, puis de ses dédains, on lui accorderait le seul objet de ses désirs : le triomphe par la France et contre la France!

Et puis, l'intervention qui a proclamé, en 1845, que son action avait pour but de défendre l'indépendance de Montevideo contre l'armée de Rosas, irait, après cinq ans de lutte, livrer cette indépendance à la haine, aux vengeances de Rosas!

L'intervention qui a déclaré qu'elle voulait protéger ses nationaux et son commerce, irait voir de sang-froid ses nationaux conspués, son commerce anéanti par ses propres actes!

Tels seraient le résultat des actes et la logique des faits d'une politique sans but, puisqu'elle était sans base.

On voit bien qu'il n'a pas été nécessaire encore de faire appel aux sentiments douloureux qu'excite la vue de la population française qui s'est dévouée au triomphe de la juste cause de Montevideo. Il fallait d'abord établir, par les faits historiques, la politique déplorablement suivie par l'intervention dans cette question toute grosse d'intérêts européens : les intérêts de la civilisation et du progrès social contre l'intérêt étroit, personnel, du dictateur de Buenos-Ayres.

Mais on manquerait à un devoir d'humanité, si on n'appelait pas l'attention et les sympathies du public sur cette admirable population française qui combat, souffre et périt sur une terre hospitalière que les rigueurs du gouvernement français l'ont forcée de défendre jusqu'à la mort.

Oui, cette population est admirable en dépit des calomnies dont elle a été l'objet, et on en jugera par le simple récit des événements qui l'ont poussée dans la voie de souffrances qu'elle parcourt depuis sept ans avec un courage et une abnégation dignes de meilleur sort. Voici les faits, et pour les comprendre dans toute leur vérité, il faut les embrasser dans leur ensemble, en se reportant à l'origine de la situation actuelle, qui remonte à vingt années tantôt.

Ici quelques détails rétrospectifs sont nécessaires.

En 1829, le consul de France à Buenos-Ayres, M. de Mendeville, provoqua l'armement de la population française en faveur du gouvernement argentin, assiégé dans la ville par le général Rosas.

Plus tard, le consul voulut faire désarmer les Français ; il ne put l'obtenir et quitta Buenos-Ayres.

Cependant la ville capitula, et le général Rosas y entra en vainqueur.

Alors le consul français retourna à Buenos-Ayres.

Les Français voulurent quitter les armes à l'ombre de la capitulation.

Le général Rosas, devenu gouverneur, voulut les forcer de garder leurs armes au service de la République. Or, c'est ce même Rosas qui, aujourd'hui, depuis sept ans, calomnie, par le cent bouches qu'il fait parler, la population française armée en faveur de Montevideo.

Voyez comme les temps sont changés! En 1829. les Français, armés à Buenos-Ayres, convenaient parfaitement à ses vues politiques; mais en 1843, les Français armés dans Montevideo contrarient cette politique, et alors le dictateur les traite d'aventuriers, d'hommes de rien! Singulier rapprochement!

Cependant le consul de Mendeville obtient, à force d'instances, que les Français ne seraient pas forcés à garder les armes; mais personne ne peut assurer que le décret qui les y obligeait ait été jamais rapporté.

Neuf années s'écoulèrent dans un état de malaise et de tiraillements pour la population française. C'était la conséquence de sa qualité de vaincue.

Puis vint le blocus français, en 1838, dont la cause vraie est bien moins dans les griefs connus que dans les besoins de la politique du dictateur, à qui il fallait élever sur la terre d'Amérique l'épouvantail d'une guerre étrangère, afin de perpétuer la dictature qui allait lui échapper pour la deuxième fois.

On sait que ce blocus finit, en 1840, par la convention signée par l'amiral Mackau.

Le gouvernement français crut voir dans cette paix la fin de ses embarras au Rio de la Plata.

L'expérience a prouvé le contraire.

Déjà, en 1839, avait eu lieu une première invasion de la République orientale par une armée argentine. Elle fut contenue par l'occupation de Montevideo par les forces navales françaises, aidées d'une légion de volontaires français que forma l'amiral Leblanc, chargé alors du blocus de Buenos-Ayres.

L'invasion argentine ainsi contenue, fut bientôt repoussée par les forces orientales, à la bataille de Cagaveha, et l'armée d'invasion disparut.

Voilà donc la deuxième fois qu'un armement français avait lieu sur les deux bords de la Plata, à dix ans d'intervalle, par le fait de l'autorité française, et par conséquent en vue des intérêts français. Ces faits donnent la clef des événements qui se passent aujourd'hui dans Montevideo.

En effet, en 1842 eut lieu la deuxième invasion argentine, confiée, cette fois, au général Oribe, qui revendiquait ses droits à la présidence, abdiquée par lui solennellement dès 1838.

Les ministres de France et d'Angleterre (le comte de Lurde

et M. Mendeville) (1), signèrent une protestation collective (le 16 décembre 1842) contre l'invasion de la République orientale par une armée argentine. L'invasion eut lieu néanmoins au mépris de cette protestation, et le siége de Montevideo commença le 17 février 1843.

La présence d'une armée de Rosas aux portes de Montevideo épouvanta la population européenne de cette ville.

Le commodore Purvis, effrayé pour ses compatriotes, écrivit à Oribe que son décret du 1er avril *était digne d'un État barbaresque*; il exigea et obtint que son décret fût rapporté, quant aux sujets britanniques.

Les Français, plus menacés par ce décret que les autres étrangers, à cause de leur grand nombre et des antipathies bien connues de Rosas et de tous ceux qui le servent, furent d'abord consternés.

En l'état, qu'on se figure cette population en majeure partie composée d'ouvriers privés de travail, d'un jour à l'autre, à cause du siége.

Qu'on ait égard aux traditions que recevait cette population de la rancune du dictateur Rosas contre les Français :

En haine du bataillon de l'ordre, créé à Buenos-Ayres en 1829, par le consul de France;

En haine du premier blocus français;

(1) Ne pas confondre ce ministre anglais avec l'ex-consul francais du même nom.

En haine des volontaires français armés dans Montevideo, en 1839, par l'amiral Leblanc, pour contenir la première invasion argentine.

Qu'on ajoute à ces ferments d'opposition la répulsion instinctive qui accueillait une deuxième armée argentine aux portes de Montevideo, et d'autre part qu'on remarque cette population française recevant avec effroi le décret des assiégeants, qui menaçait de traiter en ennemi tout étranger qui aiderait de sa personne, de sa fortune ou *de son influence* à la défense de la ville assiégée.

Qu'on veuille apprécier froidement ces faits et leur influence sur une population alarmée, puis on comprendra sans peine l'élan électrique causé parmi les résidents français menacés par le décret des assiégeants, et leur armement en masse pour la défense de leur vie, de leur propriété et pour celle de leurs femmes, de leurs enfants !

Voilà l'explication de l'armement des Français à Montevideo, en 1843, et dont l'origine remonte à vingt années bientôt, à 1829 !

Il faut, avant de finir, donner quelques détails statistiques sur la population française au Rio de la Plata, car ils expliqueront, sans le secours de commentaires, la cause intime des malheurs qui l'ont frappée, cause qui émane uniquement des besoins de la politique personnelle du dictateur Rosas.

La population française du Rio de la Plata se divise en trois catégories : l'une établie à Buenos-Ayres, l'autre résidant à Montevideo, et la troisième répandue dans la campagne de Montevideo.

La partie établie à Buenos-Ayres est composée en presque totalité de commerçants ; celle qui est fixée dans Montevideo est, en très-grande partie, composée de travailleurs, avec une très-faible minorité de capitalistes et commerçants ; enfin, la population française de la campagne compte des propriétaires ruraux, des commerçants et des ouvriers.

Ces diverses catégories se divisent comme suit :

Environ 4,000 âmes à Buenos-Ayres, la plupart dans le commerce ;

10,000 âmes dans Montevideo : un dixième capitalistes et commerçants ; neuf dixièmes artisans et ouvriers ;

4,000 âmes répandues dans la campagne de Montevideo : propriétaires ruraux, commerçants et ouvriers.

Total.. 18,000 Français.

Les intérêts de cette population sont différents, mais ils ne sont point opposés, car leur commune prospérité repose sur une même base : *paix* et *sécurité*; et c'est parce que cette base manque à chacun de ces intérêts, que tous sont en émoi.

Ces chiffres prouvent que l'immigration française s'était portée de préférence à Montevideo plutôt qu'à Buenos-Ayres.

Les causes de cette préférence s'expliquent :

1° Par la situation géographique de Montevideo (fait très-important);

2° Par les traditions locales qui éloignaient l'émigration de Buenos-Ayres, traditions qu'il est facile d'apprécier par l'historique qui précède;

3° Par une sympathie marquée pour l'ordre de choses habituel à Montevideo.

De ces causes il résulte trois faits :

1° Que le pays sympathisait avec l'émigration française;

2° Que le nombre des bras développait les éléments de prospérité que possède ce pays privilégié de la nature;

3° Que l'émigration française formait une population UTILE, LABORIEUSE, ÉCONOME.

La preuve de ces faits, c'est que ce nombre de bras, joint à celui des émigrants espagnols et italiens, dont le nombre est très-considérable, et qui préféraient aussi le séjour de Montevideo à celui de Buenos-Ayres, avait permis de bâtir, de 1838 à 1842, en quatre années seulement, une ville nouvelle dessinée à la suite de la ville ancienne (1).

Or, cette immigration française avait pris une telle extension,

(1) Voir à ce sujet le mémoire publié par M. le baron Deffaudis, ancien ministre plénipotentiaire, à la suite de son remarquable ouvrage qui a pour titre : *Questions diplomatiques*. — Goujon et Milon, libraires, rue du Bac, 41.

que son chiffre, qui avait été de 4,731 de 1836 à 1840, s'éleva, dans les seules années de 1841 et 1842, au chiffre énorme de 9,034 immigrants.

On peut juger par ce fait notoire quels étaient l'attrait et l'avantage offerts aux travailleurs français, par la prospérité de Montevideo (1).

Mais cette prospérité incroyable était précisément l'épouvantail du dictateur Rosas. Il comprenait qu'une ville nouvelle, bâtie à Montevideo, en regard de Buenos-Ayres qui dépérissait, était la plus énergique protestation du régime doux et attrayant de la politique de Montevideo, contre le système exclusif, barbare et rétrograde de Buenos-Ayres, fondé sur le despotisme le plus complet, étayé de la délation, du meurtre et de la spoliation, qui était proclamée comme principe du soutien d'une dictature sans exemple!

Voilà, il faut le répéter, toute l'histoire de cette question si palpitante d'intérêt pour la France, et si grosse de félicité pour les Français, que le défaut de travail en France poussait vers une terre lointaine et hospitalière.

(1) Voir la note n. 2 à la fin, page 30.

RÉSUMÉ

DES

AFFAIRES DE LA PLATA.

II.

Cause de la guerre. — Elle compromet les intérêts de l'Europe. — Crainte sérieuse de Rosas. — Voies et moyens de solution : Rosas devra les accepter ou il succombera.

Pour l'examen sérieux de cette affaire, il suffit d'abord, sans le secours d'aucun détail préalable, de poser les trois questions qu'elle renferme :

1° Quelle est la cause unique de la guerre qui désole Montevideo?

2° L'intérêt général est-il attaché au triomphe de Montevideo?

3° Quelle est la crainte qui domine Rosas?

La réponse est simple :

1° La guerre entre Montevideo et Buenos-Ayres a pour cause unique le principe gouvernemental de chacun de ces pays :

Buenos-Ayres veut la restriction dans le sens le plus absolu, tandis que Montevideo ne demande qu'expansion et progrès sous la protection des droits acquis.

L'intérêt général veut le triomphe de Montevideo, parce que cet événement ouvrirait tôt ou tard, au commerce du monde, le sanctuaire de l'Amérique du Sud, en attirant sur les bords de la Plata les produits des provinces centrales aujourd'hui tributaires du dictateur Rosas, ceux de l'Etat du Paraguay, dont le même Rosas refuse de reconnaître l'indépendance, et ceux aussi de la Bolivia, auxquels il refuse le droit de descendre par le rio Paranà.

Enfin, la seule crainte qui anime Rosas, c'est d'être pris au sérieux par la France, d'être considéré comme une puissance du continent, qui existe, qui doit exister, qui a son indépendance, sa dignité, son influence. Aussi a-t-il toujours feint de vouloir céder lorsqu'il a jugé la corde trop tendue; même il est allé quelquefois, sous la monarchie, si nous sommes bien informé, jusqu'à faire appel à la magnanimité d'une grande puissance en faveur de lui, Rosas, faible et luttant contre de grandes difficultés locales, pour appeler, disait-il, à la civilisation, des peuplades à demi barbares...

Nous qui connaissons les heureuses qualités qui font la base du caractère généreux des populations de l'Amérique du Sud qu'on calomnie; nous qui savons de quel facile développement est susceptible l'intelligence naturelle dont elles ont reçu le don;

nous enfin qui pourrions fixer le jour où a commencé leur barbarie moderne, nous n'ajouterons pas aux souffrances de ces populations aujourd'hui si malheureuses, l'injure de les appeler barbares...

Si, à l'explication des trois questions qui viennent d'être posées, on ajoute celles-ci :

Pourquoi y a-t-il lutte de principes ?

Pourquoi l'intérêt commercial veut-il le triomphe de Montevideo ?

Pourquoi Rosas craint-il que la France le prenne au sérieux ?

Nous répondrons :

1° Parce Rosas est parvenu à la dictature en élevant ceux qui ne possédaient rien, et en les attachant à lui par la possession des biens de ses ennemis politiques. — C'est le socialisme appliqué au profit de son pouvoir. — Ce système escorté de la terreur avait dépeuplé Buenos-Ayres, tandis que Montevideo voyait sa population se tripler dans l'espace de douze années (de 1830 à 1842). Il fallait donc que le pouvoir de Rosas s'éteignît par inanition, ou qu'il parvînt à anéantir la prospérité de Montevideo. Chercher ailleurs une cause, un prétexte à cette rivalité serait une chose oiseuse ou injuste. — Les faits ont parlé ;

2° Parce que le commerce vit d'expansion ; parce que Montevideo appelle de toutes ses forces l'expansion, le progrès au moyen du régime si simple du *laissez-faire*, régime qui fait toute la prospérité des États-Unis, tandis que Buenos-Ayres, étouffant la confiance sous la terreur, repousse toute action progressive ;

3o Enfin, parce que dès le jour que la France aura annoncé par une résolution énergique, qu'elle veut avoir raison de ses griefs contre le général Rosas, ce prétendu colosse, né de nos erreurs, s'affaissera sur sa base fragile, et la chimère de sa puissance s'évanouira au souffle des populations qu'il domine aujourd'hui par la terreur et la spoliation, et qui n'attendent qu'une manifestation sérieuse, *irrécusable*, et non factice, comme nous en avons déjà tant vu, qui les appelle à reconquérir tous leurs droits usurpés par le dictateur. Cette usurpation s'est accomplie dans une mesure telle que l'Espagne n'eût pas osé la tenter, en concevoir même la pensée sous le régime colonial, comme le fait Rosas, en invoquant l'indépendance de son pays.

Ici quelques détails sont nécessaires.

La lutte des provinces argentines contre les empiètements de Buenos-Ayres, tantôt sourde, tantôt violente, a été permanente ; et si Rosas est parvenu à établir le pouvoir le plus absolu qui ait jamais existé au rio de la Plata, c'est en se servant du nom de la fédération, qui consistait à laisser chaque province indépendante dans son administration, et surtout dans le choix des moyens propres à étendre ses rapports commerciaux avec l'Europe. Or, la fédération que Rosas leur a faite consiste précisément à entretenir ses propres créatures dans l'administration provinciale, et à obliger le commerce des provinces à passer par

Buenos-Ayres. Cette obligation consiste à faire apporter dans cette ville, même de Mendoza, situé au pied des Cordillères, à 400 lieues de Buenos-Ayres, même de Salta et Jujui, limitrophes de la Bolivie, les produits locaux qui pourraient être échangés sur les bords du Paranà avec ceux de l'Europe, en les y conduisant de toutes les provinces intérieures, par le rio Pilcomayo, le rio Vermejo et le rio Salado, qui sillonnent les solitudes inhabitées connues sous le nom de *Grand Chaco.*

Ces rivières si belles, et aujourd'hui inutiles à ces immenses contrées, déverseraient dans le Paranà non-seulement les produits des provinces argentines de l'intérieur, mais encore ceux de la Bolivie, tandis que la rive gauche du Paranà recevrait les produits du Paraguay et du Brésil central. (Un simple coup d'œil jeté sur la carte de ces belles parties de l'Amérique du Sud convaincra de la vérité et de l'importance de ces faits.) Alors le rio Paranà deviendrait, *selon les lois de sa création, contre lesquelles le général Rosas lutte tout seul*, le grand canal par lequel la vie de la civilisation et l'action commerciale circuleraient dans ces immenses solitudes, aujourd'hui sans écho. Alors l'Europe verrait s'ouvrir à son commerce direct, à toutes ses industries, et surtout au besoin d'équilibre qu'éprouve sa population aujourd'hui déclassée, un immense avenir de travail, de commerce et de prospérité. Mais alors aussi la dictature du général Rosas cesserait nécessairement, puisqu'elle repose sur un système exclusif *quand même*, qui s'oppose à l'émancipation politique et surtout commerciale des provinces intérieures ou littorales du Paranà, sur lesquelles il s'est arrogé des droits puisés dans cette politique qui a pour devise, en principe : *diviser pour régner.*

En cela nous n'hésitons pas à dire que le général Rosas porte gravement atteinte à la réputation d'habileté que quelques esprits lui supposent encore, et qui repose sur la durée de sa domination. Il aurait répondu à l'attente générale s'il eût agi autrement. En effet, Buenos-Ayres sera toujours la capitale des provinces argentines par droit d'ancienne suprématie, par ses progrès dans les voies de la civilisation (qui cependant sont en décadence marquée sous le régime de la dictature), mais surtout par l'étendue de son territoire et les qualités du sol. Mais ces avantages, développés sous l'influence d'un régime libéral, n'admettraient point la dictature, et, il faut le dire, au risque de mécontenter le général Rosas, les faits ne prouvent que trop combien la soif du pouvoir l'emporte chez lui sur l'amour et sur la prospérité de son pays, qu'il pourrait satisfaire d'un seul mot : *Liberté du commerce !*

Si nous nous sommes étendu sur ces considérations, c'est que là gît le vrai mot de l'énigme que le général Rosas livre, depuis vingt ans, à la perspicacité de la diplomatie européenne, qui n'a pas su encore, ou plutôt qui n'a pas voulu le deviner.

Pour peu qu'on veuille prendre la peine d'y réfléchir, aujourd'hui que les affaires de la Plata exigent impérieusement une solution, on comprendra sans effort que les complications inextricables de la question de la Plata ont une cause que le général Rosas voudrait couvrir de voiles impénétrables, car elle est pour sa dictature une question *d'être ou de ne pas être.* Le mot de cette énigme n'est autre que la crainte de l'émancipation des provinces de la République argentine, émancipation incompatible avec le pouvoir unitaire qu'il s'est créé sous le nom de confédération, et qu'il a décoré du vain et faux titre de système américain. Nous l'appelons un vain et faux titre, car il est diamétralement opposé aux intérêts véritables de l'Amérique du Sud.

Après ces observations puisées dans l'étude consciencieuse des choses, des hommes et de la géographie du Rio de la Plata, et que nous soumettons, sans crainte comme sans passion, à l'appréciation des hommes sérieux, nous pouvons indiquer les moyens qui s'offrent à la France pour terminer, à l'avantage de sa dignité et des intérêts généraux de l'Europe, surtout à la grande satisfaction des populations de la Plata, une question qui a été la source de tant de larmes, de ruines et de désolations. Ces moyens sont les suivants :

1° Rappeler par une circulaire adressée à tous les gouvernements de l'Amérique du Sud, la déclaration faite en 1845, par l'intervention anglo-française, déclaration en faveur de laquelle presque tous ses États se sont déjà prononcés. Elle avait pour but de protéger l'indépendance de Montevideo contre les prétentions de Rosas ;

2° Rouvrir le Paranà au commerce du monde entier ;

3° Appeler toutes les contrées tributaires des eaux de cette rivière, le Brésil, le Paraguay, la Bolivie, à la coopération de cette mesure, qui les intéresse autant et plus encore que l'Europe même.

Si le général Rosas, convaincu de l'inutilité d'une résistance qui ne pourrait amener que sa propre ruine, se départait de la ténacité intraitable qu'il a déployée jusqu'ici, il devrait offrir des garanties, des gages de sa conversion tardive. Toutefois, la seule qu'on doive exiger de lui, c'est l'occupation temporaire de l'île de *Martin Garcia.* Si, au contraire, il persiste, sa résistance ne sera ni longue ni vigoureuse, car son pouvoir sera profondément atteint et essentiellement ébranlé par les trois résolutions sus-énoncées ; et si son habileté égale la ténacité qu'il a montrée jusqu'à ce jour, il comprendra sans peine que, mis en quelque sorte au pied du mur, il ne lui reste qu'à céder franchement ou à tomber misérablement.

Pour obtenir ces résultats et soutenir ses résolutions, la France est dans la nécessité d'envoyer dans la Plata une expédition, non de 20, 15 ni même 10,000 hommes, comme le général Rosas n'a cessé de le faire dire par ses amis, mais une simple expédition suffisante pour occuper Montevideo, Martin-Garcia et trois ou quatre ports de la république de l'Uruguay, que Rosas occupe actuellement avec des garnisons de 150 à 200 hommes. Un coup de main ferait justice de l'armée qui assiége Montevideo; cette armée s'évanouira en peu de jours, comme il arriva en 1839, après la bataille de Cagancha. Cette assertion a d'autant plus de probabilité que la guerre de partisan ne peut plus avoir lieu faute de chevaux, dont les élèves se trouvent en complet désarroi, par suite d'une guerre de sept ans, et qui ne peuvent être remplacés par les chevaux qu'on amènerait d'un État voisin, à cause de la différence du sol et des pâturages.

Ces choses accomplies, et dès que commencerait l'œuvre de délivrance de ces belles contrées, entreprise par la France, il faudrait encourager l'émigration interrompue par la guerre. On comprendra sans peine dans quelle proportion elle se développerait, en se rappelant que dans la dernière année de paix, en 1842, l'émigration européenne, spontanée et volontaire, avait alors jeté dans la ville de Montevideo près de 11,000 étrangers, dout plus de 5,000 étaient Français. Il est donc permis de conclure que si 3,000 étrangers armés dans Montevideo en 1843 ont suffi pour tenir en échec pendant plus de six ans les forces argentines, alors qu'ils n'avaient d'autre appui qu'un gouvernement, on peut le dire, réduit aux abois, il serait impossible plus tard de tenter une nouvelle invasion dans des contrées défendues par des milliers de colons bien décidés à protéger les champs qu'ils auraient défrichés à la sueur de leur front.

Mais quel temps faut-il pour obtenir ce but? Nous répondons: trois mois, si l'on favorise la ligue du Brésil (1) avec le Pa-

(1) Le Brésil maintient sur sa frontière du Sud une armée de 10,000 hommes prête à marcher au premier signal de la France; le Paraguay entretient une armée de 20,000 hommes, aux ordres du Brésil, et la Bolivie n'attend qu'une occasion de s'unir aux deux autres Etats. Il serait impossible, comme on le voit, de réunir plus d'éléments américains pour renverser le prétendu système continental du général Rosas.

raguay, la Bolivie et les provinces argentines intéressées à la liberté du commerce.

Nous exposerons quelques considérations qui ne sont pas sans importance. L'opinion a été singulièrement égarée en Europe au sujet de la force matérielle que Rosas pourrait opposer à une attaque directe. La force du dictateur est toute dans sa dictature, et cette dictature est l'œuvre des erreurs commises par la France de 1838 à 1840, et par l'intervention anglo-française depuis que son action a été désunie. Mais d'abord, il ne s'agit nullement d'attaquer Rosas par un débarquement à Buenos-Ayres; *c'est, au contraire, en le laissant parfaitement tranquille dans Buenos-Ayres* qu'on en aura raison. Mais, nous ne saurions trop le répéter, le point précis de la question consiste à envoyer une expédition, *même pour faire la paix,* sous peine d'être mystifié en 1849 comme on l'a été en 1840.

En 1840, un simple débarquement de 1,000 matelots de l'escadre de M. de Mackau aurait obligé Rosas à se rendre à discrétion, sous peine d'être livré à l'armée du général Lavalle qui l'assiégeait.

En 1845, si l'intervention eût été appuyée par 2,000 hommes de troupe de débarquement, l'armée qui assiége Montevideo eût été mise en déroute et le pays délivré de l'invasion argentine.

En 1849, cette entreprise demandera 3 à 4,000 hommes au plus pour rassurer complétement ces malheureuses populations deux fois sacrifiées à nos erreurs, et qui ne croiront désormais en nous que lorsqu'elles pourront compter sur nos soldats et voir notre pavillon décidé à se faire respecter.

Que si l'on retarde davantage cette entreprise, et que ce retard livre la rive gauche de la Plata à Rosas ou à Oribe, son lieutenant, par leur triomphe sur Montevideo, alors certainement il ne faudra pas moins de 20,000 hommes pour obenir ce qu'on aurait obtenu en 1840 avec 1,000.

Mais, quelle que soit l'époque à laquelle l'Europe se décide à cette entreprise, le temps viendra fatalement où il faudra qu'on s'y décide ou qu'on renonce à entretenir des flottes, des agents et des résidents, non seulement au Rio de la Plata, mais encore dans toute l'Amérique du Sud, sur les deux océans. Telle est l'inévitable destinée des rapports politiques et commerciaux de l'Europe avec l'Amérique du Sud, et le résultat incontestablement acquis aux erreurs, et aux tergiversations de l'intervention.

Au moment où les éléments américains les plus puissants s'offrent à la France pour coopérer avec elle à la solution des affaires du Rio de la Plata; au moment où la nouvelle arrive que l'armée du Paraguay, forte de 20,000 hommes, mais dépourvue d'un chef habitué à la grande guerre, se montre sur la frontière des provinces argentines, on ne comprendrait pas que la France se refusât à seconder ces forces pour en finir avec Rosas. Elle aurait l'avantage de faire triompher, au moyen d'éléments américains, le principe que Rosas repousse, précisément parce qu'une puissance européenne le soutient.

D'autre part, le gouvernement de Montevideo ne demande

qu'à favoriser l'immigration la plus large des bras superflus de la France, de l'Europe, et cette émigration, dont on connaît le facile développement dans ce pays, assurerait à tout jamais son existence politique contre les velléités de conquête de la part de Rosas, en ouvrant à nos rapports commerciaux le débouché le plus considérable du monde : toute l'Amérique centrale, encore presque inconnue aujourd'hui.

Fort de cette conviction, et certain de l'efficacité de moyens propres à son accomplissement, nous finirons en répétant que ces moyens consistent :

1° A rappeler par une circulaire adressée à tous les gouvernements de l'Amérique du Sud, la déclaration faite en 1845, par l'intervention anglo-française, déclaration en faveur de laquelle presque tous ces États se sont prononcés. Elle avait pour but de protéger l'indépendance de Montevideo contre les prétentions de Rosas ;

2° A rouvrir le Paranà au commerce du monde entier ;

3° A appeler toutes les contrées tributaires des eaux de cette rivière : le Brésil, le Paraguay, la Bolivie, à la coopération de cette mesure,qui les intéresse autant et plus encore que l'Europe même.

Par l'emploi de ces moyens et par une bonne direction donnée aux forces matérielles du Paraguay, qui ne demandent qu'un point d'appui, un centre d'action énergique, à l'ombre du drapeau français, le général Rosas devra subir inévitablement ce dilemme : céder ou tomber.

Note 1.

TRADUCTION DE L'ADRESSE DU COMMERCE ANGLAIS A M. LE BARON DEFFAUDIS, MINISTRE PLÉNIPOTENTIAIRE DU ROI DES FRANÇAIS.

« Montevideo, le 10 mai 1847.

» Monsieur le baron,

» Nous les soussignés, négociants anglais et résidant à Montevideo, pénétrés d'un sentiment de reconnaissance et d'obligation envers Votre Excellence pour les avantages directs et indirects dont nous avons été comblés en commun avec vos propres compatriotes et autres étrangers de Montevideo, par la justice, la fermeté et la consistance par vous déployées dans les diverses phases de votre mission dans ce pays, en votre qualité de collègue de M. Gore Ouseley, ministre de S. M. B., nous ne pouvons voir le départ de Votre Excellence de cette capitale sans lui témoigner très-sincèrement et respectueusement notre haute estime pour votre caractère et votre conduite.

» Nous avons été témoins avec admiration de la fermeté et de la consistance de votre conduite, comme homme public, dans les nombreux épisodes, les embarrassantes difficultés et les changements fatigants qui ont signalé la marche de l'intervention, et nous avons conçu une véritable estime pour la bonté, l'urbanité, la courtoisie dont vous avez invariablement fait preuve dans la vie privée, ce qui a contribué à assurer et fortifier la bonne intelligence et les bons sentiments qui existent entre les résidents français et anglais de Montevideo et à fomenter la bonne harmonie entre toutes les classes de la population de cette ville.

» Permettez-nous maintenant d'élever vers Votre Excellence l'expression de notre regret en voyant arriver le moment de votre sortie (*withdrawal*) d'entre nous, ainsi que l'assurance que vous emportez notre respect et notre gratitude, avec nos plus ardents souhaits pour votre santé et votre bonheur.

» Nous avons l'honneur d'être, etc., etc. »

(Suivent les signatures des chefs de maisons de commerce

anglaises à Montevideo, qui sont les associées de celles qui résident à Buenos-Ayres.)

Les trois signatures qui manquent pour la totalité des maisons de commerce anglaises, appartiennent à des amis personnels de M. Hood, intéressés au triomphe de Rosas et d'Oribe, ce qui prouve que les sentiments exprimés dans l'adresse sont ceux de la masse des intérêts anglais au Rio de la Plata, car elle porte les noms les plus honorables et représente les 99/100es des intérêts anglais.

Une démonstration semblable se prépara aussi pour le comte Walewski, qui avait remplacé le baron Deffaudis.

Note 2.

A ce sujet il nous est impossible de passer sous silence de sages réflexions que nous lisons dans une correspondance de Montevideo. L'auteur de ces lignes est un ancien résident étranger dans cette ville, où il occupe une position recommandable à tous égards ; et ce qui donne à ses opinions un caractère frappant d'impartialité, c'est qu'il n'est point Français et qu'il écrit en faveur de la France.

Montevideo, le 22 mai 1849.

« Mon cher Monsieur,

. . . . . » Vous recevrez par l'*Erigone*, et peut-être par le *Packet*, les
» propositions de Rosas et d'Oribe. Le gouvernement de Montevideo
» ne les admettra pas, et il envoie une personne, ces jours-ci, auprès
» du gouvernement français pour donner des explications, etc.

» La France a bien peu connu ses intérêts dans la question de la
» Plata. La République de l'Uruguay aurait dû être bien plus qu'une
» Californie pour la France. Le Hâvre, Bordeaux surtout, et Marseille

» auraient eu un commerce immense avec Montevideo. A l'époque » actuelle vous auriez eu *deux cents* navires par an à Montevideo. » Voyez quelle belle occasion vous avez perdu de faire des marins » (aujourd'hui que vos colonies dépérissent) en augmentant votre » commerce. Car sans un grand commerce maritime, les marins vous » manqueront toujours pour vos escadres. Voyez les exportations » d'Angleterre, comme elles ont augmenté; en 1824 elles n'étaient » que de trente-six millions de livres sterling; aujourd'hui elles dé- » passent *soixante-dix* millions. Sa marine marchande a augmenté » aussi presque dans la même proportion. Ici, votre commerce aurait » été immense je le redis; Bordeaux se serait enrichi considérable- » ment. Mais vous avez tout perdu, par les fautes de votre gouverne- » ment. L'Angleterre a connu depuis longtemps que la bande orientale » était pour vous une Californie, et elle n'a cessé de vous nuire, car » elle savait parfaitement qu'avec le temps le port de Montevideo n'au- » rait pas pu contenir vos navires marchands, et ce temps n'aurait pas » dépassé 1850 ou 1852. »

Le ton de cette lettre indique assez l'impartialité qui la dicte, et nous devons avouer que nous n'avions pas vu encore un tableau si frappant du tort que cause à notre commerce et à notre marine cette malheureuse affaire de la Plata. Ce qui ressort surtout de cette lettre, c'est l'action de la politique anglaise, dans une question qui touche de si près au développement de notre commerce maritime.

Dans une lettre postérieure, de la même provenance, nous trouvons de nouveaux détails sur le même sujet; et si la source honorable d'où ils émanent n'était pas un titre de confince, il suffirait d'être Français pour en comprendre toute l'importance.

« Si la France, dit notre correspondant, n'adopte pas un autre sys- » tème, elle ne sera jamais une grande puissance maritime. Trente-

» six millions d'habitants peuvent fournir beaucoup de marins, avec » l'étendue des côtes que vous possédez; mais pour former des ma- » rins, il faut avoir beaucoup de bâtiments marchands et un grand » grand commerce extérieur, une exportation considérable des pro- » duits français , et des débouchés permanents. Or, en France, on » semble ne pas se douter de ces vérités, et jusqu'à ce qu'elles soient » appréciées chez vous à leur juste valeur, vous chercherez en vain » d'autres éléments pour votre prospérité nationale.

» La France, avec sa population, devrait pouvoir équiper avec de » bons marins, quatre-vingts vaisseaux de haut bord dans un moment » d'urgence, et je doute qu'elle pût en équiper quarante. Cela est dû » à un mauvais système qui nuit à sa marine militaire, à sa marine » marchande, à tous ses ports de mer et aux populations du littoral, » comme à celles de l'intérieur de la France.

» Vous m'excuserez de vous parler avec tant de franchise ; mais » je ne puis m'empêcher de le faire en voyant ce que fait la France et » ce qu'elle pourrait faire en faveur de ses industries, de son com- » merce, de sa marine, etc. »

A ces appréciations si justes, inspirées à un homme de sens étranger à la France, ajoutons quelques mots échappés à un homme de cœur né en France. La source élevée où nous puisons les idées qui vont suivre est aussi authentique qu'elle est compétente :

. . . . « La question de la Plata va présenter de nouvelles phases, » par suite du renouvellement total du ministère. Cet événement amè- » nera un changement dans la manière d'envisager cette affaire à la- » quelle on n'a pas osé donner une solution, et que nous nous repen- » tirions, avant peu, d'avoir abondonnée.... Il en coûterait si peu de » créer dans cette partie de l'Amérique, moralement parlant, une » France nouvelle !..... »

www.ingramcontent.com/pod-product-compliance
Lightning Source LLC
LaVergne TN
LVHW010309230826
846091LV00007BB/2791

9782011768933